1151 –
1333 – 75
2[illegible] – 75

50

| | | | | 24 % Frais papier montage 9 25 | | |
|---|---|---|---|---|---|---|
| payé 2 Xbre 1867 | Evans | Londres | 1430 | 343.20 lettre 40 | 1,077 | 15 |
| payé | Durand | | 767 | 184.10 | 582 | 90 |
| payé | Mathieu | | 124 75 | 30 70 | 94 | 05 |
| payé | Fajon | | 84 | 20 20 40 | 63 | 40 |
| payé | Hervey | | 73 | 17 50 30 10 | 55 | 10 |
| | JEN. | | 56 | 13 45 | 42 | 55 |

(236e)

# CATALOGUE

D'UNE BELLE COLLECTION

DE

# PORTRAITS

**D'ARTISTES & CÉLÉBRITÉS DIVERSES**

PAR LES MEILLEURS GRAVEURS

ET

**RÉUNION CURIEUSE CLASSÉE PAR NOMS**

TABLEAUX ET DESSINS

# ESTAMPES

**ANCIENNES & MODERNES**

VIGNETTES, ILLUSTRATIONS, COSTUMES

**LIVRES A FIGURES ET SUR LES ARTS**

**BEAU VOLUME DE CUVILLIÉS**

CATALOGUES DE VENTES IMPORTANTES AVEC PRIX

**Cabinet d'un Amateur étranger**

DONT LA VENTE AURA LIEU

**HOTEL DES COMMISSAIRES-PRISEURS**

RUE DROUOT, 5, SALLE No 7, AU PREMIER ÉTAGE

**Les Mardi 14 & Mercredi 15 Mai 1867**

A UNE HEURE PRÉCISE.

Par le ministère de Me **LAFONTAINE,** Commissaire-Priseur,
rue de Paradis-Poissonnière, 53,

Assisté de M. **VIGNÈRES,** Marchand d'Estampes,
rue de la Monnaie, 13, à l'entre-sol, entrée rue Baillet, 1,
*Chez lequel se distribue le présent Catalogue.*

**PARIS — 1867**

## ORDRE DES VACATIONS

L'Ordre du Catalogue sera suivi.

PREMIÈRE VACATION. — *Le 14 Mai 1867 :*

Portraits d'artistes, etc............. 1 à 255

DEUXIÈME VACATION. — *Le 15 Mai 1867 :*

Portraits, Estampes, Livres à figures, sur les Arts, Illustrations, Tableaux, Dessins, etc..................... 256 à 510

## CONDITIONS DE LA VENTE

Les Acquéreurs paieront CINQ POUR CENT en sus des enchères applicables aux frais.

**M. VIGNÈRES, dirigeant la vente, se charge des Commissions.**

NOTA. Toute commission sans prix fixé ou sans limite déterminée sera regardée comme nulle.

M. VIGNÈRES se charge de faire marquer les prix aux Catalogues des ventes qu'il a faites. Les personnes qui le désirent peuvent s'adresser à lui *franco*.

Plusieurs Amateurs éloignés en ont reconnu l'utilité pour les guider dans leurs achats sur les valeurs des Estampes.

Les Catalogues des Ventes à faire sont envoyés aux personnes qui en feront la demande *affranchie*.

AVIS. — Nous prions MM. les Amateurs éloignés de ne pas attendre au dernier jour, pour que les lettres arrivent le matin de la vente; ils comprendront que quelques lettres peuvent se lire, mais de 20 à 50 lettres, c'est difficile.

Michel 3

Michel 4 Vieux 10

Michel 12
ou
Michel
Vieux 10

Vieux 12

Michel 3 R 5

# DÉSIGNATION

## COLLECTION

DE

# PORTRAITS

## PAR LES MEILLEURS GRAVEURS

1 **Ardell**. L.-J.-B. Mazarini Mancini, duc de Nivernois, in-4, d'ap. *Ramsay*.

2 **Audinet** (P.). Charles-Philippe, Monsieur, frère du roi, d'ap. *Danloux*, petit in-fol.

3 — Le même, avant toute lettre. Sup. ép.

4 — Le même, in-4, avant toute lettre. Sup. ép.

5 — Marie-Thérèse-Charlotte, duchesse d'Angoulême, d'ap. *Danloux* (étant jeune). Sup. ép. sur papier de Chine, petit in-fol.

6 — Le duc d'Angoulême, avant toute lettre, petit in-fol. Sup. ép.

7 **Audran**. Cl. Cherier. — J.-F. Karg. — Paul Raynaud. — J. N. de Paris. — Clément d'Affincourt. 5 p.

8 **Balechou**. Willem, Carel, Hendrick, Friso, prince d'Orange et Nassau, in-fol., d'ap. *Aved*. Très-belle ép.

9 — Don Philippe, infant d'Espagne, petit in-fol., d'ap. *Viali*. Sup. ép.

10 **Barra** (Jean). Isaac Pecreau, 1617, in-4. Très-rare.

11 **Bartolozzi**. Casti, in-4. — Philidor, in-8. 2 p.

12 **Basan**. Mlle Vanloo, enfant, tenant du raisin dans sa chemise, petit in-fol. Marge.

13 **Bazin**. Barrême, entouré des calculs des monnaies courantes, Pair ou Egalité des monnaies, in-4. Très-rare.

14 **Beauvarlet**. L'Air : Mad. Adélaïde, d'ap. *Nattier*, 1756, in-fol. en travers.

15 **Bervic**. Louis XVI en manteau royal, grand in-fol., d'ap. Callet. Sup. ép. avant la déchirure, la planche non coupée, et signée *Bervic*.

16 **Bosse** (Abraham). Michel Larcher, président en la Chambre des Comptes à Paris. Sup. ép. in-8. Rare.

17 — Mlle de Vitry sur son tombeau en costume de Minimes, in-4 en travers. Rare.

18 **Boulanger**. Philippe, roi d'Espagne, en pied, in-8. — Compaing, prêtre, in-8. Avant la lettre. — Mère Isabelle des Anges, in-8. — Jean de Sainte-Marie, in-4. 4 p.

19 **Bowles** ex. Pascal Paoli, général des Corses, en pied, d'ap. *Bembridge*, 1768. Manière noire, in-fol.

20 **Brookshaw**, 1775. Mme la comtesse d'Artois, in-fol. Manière noire.

21 **Cardon**. L. A. H. de Bourbon, duc d'Enghien, in-4. Très-belle ép. *Proof*.

Michel 9

Michel 8

R. 4

Michel 4

Michel 2 Viau 6

Michel 5

Mitignon 8

22 **Carmontelle** (D'ap. de). Brizard, comédien, en pied, petit in-fol.

23 **Cars**. F.-J. de Grammont, archev. de Besançon, in-4. — Louis de Lorraine, in-fol. — Ph. Orry, comte de Vignory, petit in-fol. 3 p.

24 **Chereau** (F.). Conrad Detleu à Dehn, ministre d'Etat, envoyé en 1723, in-fol., d'ap. *Rigaud*. Belle ép.

25 **Coquin**, qui devint **Cossin**. Le Tenneur, in-4.

26 — La Mothe Levayer, in-8. Superbe ép.

27 — Valentin Conrart, petit in-fol. Très-belle é

28 **Crespy**. L'Electeur de Cologne. — Le cardinal de Coislin. — L'Evêque de Chartres. 3 petits portr.

29 — Louise-Françoise de Bourbon, duchesse d'Orléans, née à Versailles, 1677, in-8. Magnifique ép., marge, Très-rare.

30 — Evèques, Archevesques et Cardinal. 7 p. in-8.

31 **Cundier**. Arnout Marin de la Chateigneraye, président au Parlement d'Aix, in-fol.

32 **Daret** et **Larmessin**. Princes et Princesses, Hommes d'Etat, etc. 63 p.

33 — Doubles divers. 42 p.

34 **Daullé**. H.-F. d'Aguesseau, in-4. — Louis, Dauphin de France, in-fol. 2 p.

35 **De Marcenay**. Charles VII. Superbe ép. avant toute lettre. — Turenne. 2 p. in-8.

36 **Desrochers**. Jean de Lafontaine, in-8, 2 portraits différents. Superbes ép.

37 **Desrochers** (Suite de). Ecclésiastiques, Princes, etc. 80 p. Très-belles ép., plusieurs doubles. 2 lots.

38 **Duchange**. Mlle Legras, fondatrice et supérieure des Filles de la Charité, grand in-4. Très-belle ép. Marge.

39 **Duflos** (Cl.). La Broue. — Salviati, personnages de la maison de Gondi. 7 p.

40 **Duysend**. Jean Calvin, in-4. Sup. ép.

41 **Dyck** (D'ap. V.). Mirevelt. — Seghers. 2 p. — Claire de Croy. — Marguerite, duchesse d'Orléans. — Geneviève d'Urphé et autres. 6 p.

42 **Edelinck** (G.). P.-V. Bertin (R. D. 149), in-fol.

43 — Nicolas Blampignon, pasteur de Saint-Merry, in-fol. (153).

44 — Réné Descartes, grand in-4. Très-belle ép. (181).

45 — Frédéric Léonard, premier imprimeur du roi et du clergé, in-fol. (242).

46 — Ch. Maurice Le Tellier, archev. de Reims (245). Belle ép.

47 — Philippe V, à cheval (294), 1er et 2e état. 2 p.

48 — Saint-Evremont, in-8. Très-belle ép. (306).

49 — Pierre second de Portugal. — Le Père Alphonse Rodriguez, jésuite. — Claude de Sainte-Marthe. — Tourreil. 4 p.

50 — Portraits tirés des Grands Hommes de Perrault. 20 p., grand in-4.

51 **Falck**. Brigvelle — Trivelin, acteurs de l'hôtel de Bourgogne. Pièce très-rare, in-fol.

Hilgam 10

R 4. Darr 3 25

Darr. 2

Darr 2

Darr 4

Darr 3

Michel 8 Darr 6

Michel 5 Mostie 31, Darr 4.

R s

R 12

52 **Ficquet.** M^me^ de Miramion. — Arnaud d'Ossat, cardinal. 2 p. in-8, toute marge.

53 — Poquelin de Molière, in-8. Belle ép.

54 — Crébillon, Descartes, Regnard. 3 p. in-8.

55 — J.-J. Rousseau, Voltaire. 2 p. Très-belles ép. in-8.

56 — La Fontaine, Regnard. 2 p. in-8.

57 — Descartes, La Mothe Levayer, Saugrain. 3 p. in-8.

58 **Fornazeris.** Grégoire de Valence, jésuite, in-8. Rare.

59 **Frosne.** Louis de Bourbon Soissons. — Frédéric-François, roi de Bohême. — Turenne. 3 p. équestres, in-4.

60 **Galle** (C.). Le duc d'Olivares entouré d'allégories, in-4, d'ap. *Rubens.*

61 **Gantrel.** Ego landgrave. — Cl. de la Chapelle. — Louis de Lavergne-Montenard. — Henri Lenet. 4 p. in-8 et in-4.

62 **Gaucher.** Le comte de Larochefoucault ? avant la lettre. — Marduel, curé de Saint-Roch. 2 p. in-4.

63 **Gaywood,** 1656, à Londres. N. Claude Fabri de Peiresc. 2 portraits différents. 3 p. in-8.

64 **Gole.** J. Basnage — et autre. 2 portraits in-4. Manière noire.

65 **Granthomme.** Sixte V, pape. — J.-Ph. Paré. 2 p. in-8.

66 **Grignon.** Chrétien de Lamoignon, in-4.

67 **Habert.** Berulle, Bossuet, Le Camus, Nicolle, etc. 15 p. 2 lots.

68 **Heimlich**. Maurice de Saxe, in-4. Eau-forte, rare.

69 **Horthemels** (Marie). Philippe, duc d'Orléans, Régent, petit in-fol.

70 **Huret**. J. Boyceau.—Louis XIV, enfant comme dauphin. 2 p. in-4.

71 **Isabey** (D'ap.). Napoléon Bonaparte, en pied, 1er Consul, dans les jardins de la Malmaison. Sup. ép. avant toute lettre, marge, grand in-fol.

72 **Keating**. Louis XVI écrivant son testament. Ovale, in-fol.

73 — Marie-Antoinette en prison recevant la bénédiction par la fenêtre. Ovale, in-fol., avec les noms d'artistes.

74 — La même, avant les noms d'artistes.

75 **Langot**. Et. Chevalier, secrétaire de Charles VII et Louis XI, in-4.

76 **Lasne** (Michel). Anne d'Autriche, reine de France, in-fol., d'ap. *Champagne*.

77 — Chevalier, Laffemas, Père Léonard, Marcassus, Philonard. 5 p.

78 **Le Febure**. Charles Patin, médecin, gr. in-4. Très-belle ép.

79 **Lempereur**. F. Boyer de Foresta, in-4, d'ap. *Vanloo*. Sup. ép., rare.

80 **Lenfant**. C. Dujour, l'abbé Lescot, F.-T. de Nesmond, Guido de Seve. 4 p.

81 **Leon** (J.), à Vienne, 1796. Marie-Thérèse-Charlotte de France. Manière noire, in-fol.

Michel 47

Dew 3

Dew 11 50

R 3.

[illegible] 15 Michel 19
ou
Michel 12

Migné 10. R 4
Marais 3.50

Leclerc 2
Bassompierre

82 **Lépicié**, 1733. Charlotte Desmares, actrice, in-fol.

83 **Leroux**, 1824. Lafayette, en pied, d'ap. *Scheffer*. Sup. ép. chine, lettre blanche.

84 **Leu** (Th. de). Pontus de Tyard de Bissy, évêque de Châlons, in-4.

85 **Levachez.** Barnave, Alexandre et Charles de Lameth réunis, petit rond en couleur, — le dessin original au crayon sur vélin. 2 p.

86 **Lombart.** Philippe de Savoie, in-fol., d'ap. de la Mare-Richart. — Jean Dallens, in-4. 2 p.

87 **Lubin** (J.). Portraits tirés des Grands Hommes de Perrault. 31 p., grand in-4. Très-belles ép.

88 **Lupton** (T.). Napoléon I^er^, en pied, d'après *Robert Lefevre*, grand in-fol. Très-belle ép. *Proof.*

89 — Le même, in-fol., plus petit. Magnifique ép., Proof. Très-grande marge.

90 **Meerllen**, 1652. Achille de Harlay, évêque de Saint-Malo, in-fol.

91 **Mellan.** Carolus de Boyqves, Condren, Marolles, Cl. de Rebe, etc. 6 p.

92 **Michel** (J.-B.). de Bonneval. — Preville. 2 port. de comédiens, in-fol.

93 **Miger.** J.-A. Chirat et autre. 2 p.

94 **Moncornet.** In-4 octogone, Christine, de Longueil, de Lyonne, Perefixe, etc. 8 p.

95 **Moncornet** (B.). In-8, avec cartouche orné : Anne de Rohan, princesse de Guemenée. Rare.

96 — In-8, Cartouches ornés : Bassompierre, Gondy, Larochefoucault, Lavalette, Molé, etc. 10 p.

97 — Femmes célèbres, Princes, Ecclésiastiques, etc. 80 p. Très-belles ép.

98 — Princes divers, Hommes d'Etat, etc. 41 p.

99 **Moreau** (L.). Le Père Claude Frassen, grand in-4.

100 **Morghen**. Alfieri, ovale in-8, avant la lettre.

101 **Muller** (J.-G.). Louis XVI en manteau royal, d'ap. Duplessis. *Il voulut le bonheur de sa nation et en devint la victime.* Magnifique ép. grand in-fol.

102 **Nanteuil**. Jacques, marquis de Castelnau. Petit in-fol. (R. D. 58). Superbe ép.

103 — F. Lotin de Charny, président au Parlement. Très-belle ép. avant-dernier état (151).

104 — Ch. Paris d'Orléans, comte de Saint-Paul, in-fol. (219).

105 — J.-F. Sarrasin, homme de lettres, in-4. (R.D.) (220), et autre. 2 p.

106 — George Scudéry (221), petit in-fol. Très-belle ép., 1er état.

107 **Odieuvre** (Suite d'). Célébrités diverses. 28 p.

108 **Petit**. François Ier, roi de France, d'ap. *Titien*, grand in-4, marge.

109 **Picart** (B.). F. Duchesne, historien de France, et autre. 2 p. in-4.

110 **Pitau**. Th. Bignon. — J. Favier du Boulay. 2 p. in-fol. Très-belles ép.

111 **Poilly** (N. de). L. Prevost, in-8. — Nicolas Olier, in-fol. 2 p.

Michel 21

Michel 8

Derv. 3

Derv 3

Derv 7 Michel 3 Detaille 20 [illegible] 6

Michel 3

Derv. 6

Michel 37

112 **Pradier.** Jérôme Napoléon, roi d'Espagne, en pied, d'ap. *Gérard;* grand costume royal. Superbe ép. avant la lettre, grand in-fol.

113 **Preisler** (J.-M.). Le Cardinal de Bullion, en pied, qui a ouvert la porte sainte pour le jubilé de 1700, à la place d'Innocent XII, malade. Très-belle ép. in-fol.

114 **Reynolds** (W.). Le général Andreossy en pied, assis, d'ap. *Smith*, 1803, grand in-fol. Sup. ép. 2nd *Fifty*.

115 **Roullet.** J. Chaillou de Thoisy, docteur de Sorbonne. In-fol.

116 — J. Delpech, conseiller, d'ap. *Largillière*, petit in-fol.

117 **Roussel** (Paul). Édouard Olier, seign. de Fontenelle, grand in-8, rare.

118 **Rousselet.** Mathurin Alton du Mans, chirurgien fameux à soixante-huit ans. 1642, grand in-8, rare.

119 — Cardinal Mazarin, in-fol. d'ap. *Champagne.*

120 **Sadeler** (Eg.). Ch. de Longueval, comte de Buquoy, entouré de figures allégoriques. In-foi.

121 **Savart.** Buffon. — Cardinal de Richelieu. 2 p. in-8. Très-belles ép.

122 **Say.** Napoléon pendant les Cent Jours, grand costume, assis sur le trône, d'ap. *Goubaud.* Magnifique ép. lettre blanche, grand in-fol., rare,

123 **Schenck** (P.). La princesse de Conti, ovale in-4 en manière noire, rare.

124 **Schmidt**. Anne d'Autriche, Anne de la Vigne, Bignon, Perichon, Pucelle. 6 p.

125 — La baronne de Grapendorf entourée de figures allégoriques, in-fol. Très-belle ép.

126 **Schuppen** (Van). Fromentière, Ph. de Gueldres, De la Marche, évêque; Lingendes. 4 p. in-8.

127 — Le Fevre de Caumartin. — Marca. — Monchy. Pithou. — Thaumasserius. 5 p. petit in-fol.

128 **Sichem** (C. Van). Jean François le Petit, à mi-corps.

129 **Simonneau**. Le Nain de Tillemont, Maimbourg, Mesnager, Réaumur, Serroni. 5 p. in-8, in-4 et in-fol.

130 **Skelton**. J. François Lamarche, évêque et comte de Léon, assis en pied, d'ap. *Danloux*, grand in-fol., lettre blanche.

131 — Le même, avant la lettre. Très-belle ép.

132 **Smith**. Buonaparte first consul, in-fol., d'ap. *Appiani*, manière noire.

133 — Guil. Van de Velde, peintre de marines. In-fol., manière noire, avant la lettre.

134 SOUTMAN. Mathias 1er, empereur. Dessin au crayon noir, grand in-4.

135 **Suyderhoef**. Jacobus Mœstertius. In-4.

136 **Tardieu** (A.). J. Blaw. — Ney, in-4. — Poullain de Saintfoix, in-8. 3 p.

137 **Thomassin**, 1808. Thomas Corneille, in-fol. — Charles V de Lorraine, — Léopold de Lorraine, — duc de Saxe, etc. 8 p.

138 **Trouvain**. J. Le Pelletier, conseiller du roi, in-8. Superbe ép., rare.

Derv. 8

Michel 6 Derv 6.

Michel 2

Lulese. 4
Lopac Delorain

Melzem 10

Marais 3 Michel 21

R 10

[illegible] 10

R 5

139 **Turner** (Ch.). Charles X en pied, d'ap. *Lawrence.* Magnifique ép. in-fol. avant la lettre, toute marge.

140 **Vermeulen**. J.-B. Boyer d'Aguilles, in-fol. — Louis Haslé. — Godefroy Hermant. — L. Urbain Lefevre de Caumartin. — Nicolas Lemery. — Léonard. — J.-J. Lespée, in-4. 7 p. Pourra être divisé.

141 **Vertue**. Jean Racine. In-4. Belle ép.

142 **Watelet** (Ch.). Baudouin. — Bay de Curys. — Boutin. — Brunet de Neuilly. — Walogni. — Vence. 7 p.

143 **Wierix** (Ant.). Robert, cardinal Bellarmin, jésuite, petit portrait. Très-belle ép.

144 **Wierix** (H.). Philippe II d'Espagne.

145 **Will** (J.-G.). Christian Wolff, in-8. Sup. ép.

# PORTRAITS D'ARTISTES

## CLASSÉS PAR GRAVEURS

146 **Artistes**. Peintres hollandais, par P. de Jode, Pontius, Woumans, etc, 38 p. grand in-8.

147 — Peintres, Sculpteurs, in-4. 10 p.

148 — Artistes, petit in-fol. 5 p.

149 **Anderloni**. Canova, grand in-8. Superbe ép.

150 **Ardel**. Fiamingo, — F. du Quesnoy, dit Flamand. 2 portraits grand in-4, manière noire.

151 **Aubert**. Claude Gillot, peintre. Très-belle ép. in-fol., marge.

152 **P. V. B**. Rembrandt. — Le Nôtre. 2 p. manière noire.

153 **Balechou** (J.-J.). Jean de Julienne tenant le portrait de Watteau, d'ap. *de Troy*. in-fol. Superbe ép.

154 **Bary**. C. Ketel, 1659. 1er état avant et avec l'inscription. 2 p. in-4.

155 **Bernardi**. Serlio. — Vignole. 2 p. grand in-4. Très-belles ép.

156 **Bolswert** (S. à). Séb. Vranex, peintre, d'ap. *Van Dyck*. Ép. avec G. H.

157 **Bonasone**. Michel-Ange de profil, in-4.

158 **Caronni** (P.). Raphaël Morghen, graveur, in-4. Sup. ép., toute marge.

159 **Cars**. Michel Anguier, sculpteur, petit in-fol. d'ap. *Revel*. Très-belle ép.

160 **Cars** (L.). Sébastien Bourdon, peintre, d'ap. *Rigaud*, petit in-fol. Superbe ép. avant toute lettre.

161 — Le même, avec la lettre.

162 **Cathelin** (L.-J.). Louis Tocqué, peintre, in-fol. d'ap. *Nattier*. Belle ép., marge.

163 **Chereau** (F.). Nic. de Largillière, peintre, in-fol. Très-belle ép.

164 **Cochin**. Eustache Lesueur, petit in-fol. Très-belle ép.

165 — Jacques Sarazin l'aîné, de Noyon, sculpteur; et autre. 2 p. petit in-fol.

Vieu 25

Michael. 11
ou
Michu 8
Michel 7

R 3

Dem 4

Dem 3

Dem 6 Michel 8

Beelen 5 [illegible] 16

Dem. 3

Dem, 8

166 **Cochin** (D'ap.). Portraits d'artistes, par *Saint-Aubin*, et autres. 25 p. in-4. Sera divisé.

167 **Delaunay** (N.). Jean François de Troy. Superbe ép. avant la lettre dans la tablette. Marge, in-fol.

168 **Dickinson**. La Femme de Rubens, en buste. Superbe ép. avant la lettre, marge, petit in-fol.

169 **Drevet**. H. Rigaud tenant un porte-crayon, in-fol., très-belle ép.

170 **Duchange**. Antoine Coypel, en pied et son fils encore enfant. Très-belle ép. in-fol.

171 — Charles de Lafosse, peintre, d'après *Rigaud*. Superbe ép., petit in-fol.

172 **Duchange**. François Girardon, sculpteur. Belle ép., petit in-fol.

173 **Dupuis**. N. Coustou, sculpteur, in-fol. Belle ép., grande marge.

174 — N. de Largillière, peintre, petit in-fol.

175 **Duvivier**. Bertholet Flemalle, peintre liégeois, petit in-fol., rare.

176 **Edelinck** (G.). La Quintinie. — François Mansart. 2 p. in-4. Belles ép.

177 — H. Rigaud, peintre, in-fol. (303). Belle ép.

178 — Israël Silvestre, avec la vue de Paris au bas. Très-belle ép., petit in-fol. (319).

179 — P. Simon, sculpteur, petit in-fol. (320).

180 — Nicolas Verien, graveur, in-8, avant les noms du peintre et du graveur. Très-belle ép. (335).

181 **Ferdinand** (L.). Nicolas Poussin, peintre. Belle ép. in-4.

182 **Galle**. Piis manibus Philippi Rubeni sacr. 2 ép., l'une avant et l'autre avec la lettre. Très-belles, in-4.

183 **Gole** (Jacobus). Son portrait ovale, grand in-4. Manière noire.

184 **Houbraken**. Romyn de Hooghe, in-4. Belle ép.

185 **Ingouf.** Jean-Jacques Flipart, graveur. Superbe ép., marge, d'un beau portrait, rare.

186 **Klauber**. Ch. Gab. Allegrain, sculpteur. Très-belle ép., petit in-fol.

187 **Lalive de Jully** (A. L. de). Son portrait, in-4. d'ap. *Cochin. Profil.*

188 — Louis Denis Lalive de Bellegarde, beau portrait petit in-fol., rare.

189 **Larmessin**. Philippe Vleughels, peintre, petit in-fol. d'ap. *Champagne.*

190 **Lasne** (M.). François Quesnel, peintre. In-4, rare.

191 **Le Bas**. Robert le Lorrain, sculpteur, petit in-fol. d'ap. *Drouais.*

192 **Le Pautre**. Son portrait, entouré d'Amours, petit in-fol. en travers, fait pour titre. Rare.

193 **Lignon**. N. Poussin, peintre, in-fol. sur chine, lettre blanche. Sup. ép.

194 **Massé**. Antoine Coypel, peintre, in-fol. Très-belle ép.

195 **Masson**. P. Dupuis, peintre, d'ap. *Mignard*, petit in-fol.

196 **Moitte**. Jean Restout, peintre, in-fol, d'ap. *de la Tour*. Très-belle ép.

Marais 1.50

R 10 Michel 12

R. 3

Dew 4.

Dew 6.50

R 6

Michel 5

Vien 8

R 2

Michel 4

R 3

R 5

197 **Morghen** (Raphaël). Canova, in-4.

198 — Benvenuto Cellini, ovale in-8, sans lettre.

199 **Palmerinus**. Raphaël Morghen, profil grand in-8. Très-belle ép.

200 **Pelham**, 1724. Rubens. Manière noire, in-fol. Très-belle ép.

201 **Picart** (Bernard). Son portrait, in-fol.

202 — 1704. Roger de Piles, amateur des arts, petit in-fol. grande marge. Très-belle ép.

203 **Pitau**. Mavelot, graveur. 1<sup>er</sup> état avant et avec *Desrochers ex*. 2 p. in-4.

204 **Poilly**. F. de Troy, peintre, in-fol. Très-belle épreuve.

205 **Pontius**. Jean de Heem. Très-belle ép., avec Martin Vanden Enden. — Honthorst. — Palamedes. — Rubens. 4 p. Belles ép.

206 **Sadeler**. Martin de Vos, peintre. Très-beau portrait, petit in-fol.

207 **Saint-Aubin** (Aug. de). Caffiery, Coustou, de Brosses, Dumont, Le Blond, Le Roux, de Parcieux, Pierre, Roettiers, etc. 10 p. Très-belles ép.

208 **Saunders**. Canova à mi-corps. Lettre blanche, in-4, toute marge. Sup. ép.

209 **Schiavonetti**. Van Dyck en berger Pâris, d'ap. lui-même. Sup. ép. avant la lettre, in-4. Marge rare.

210 **Schmidt** (G.-F.). Mignard, peintre. In-fol.

211 **Smith** (Jean). Son portrait. In-fol. Manière noire.

212 — Ab. Hondius. — R. Thompson. 2 p.

213 **Smith**. Kneller. — Lely. 2 p., petit in-fol.

214 — De Largillierre et sa famille, in-fol. Rare.

215 — Le Notre, d'ap. *C. Maratte*. In-fol.

216 — Godefroy Schalcken. Effet de lumière, in-fol. Très-belle ép.

217 **Surugue**. Louis de Boulongne le père, peintre, d'après *Mathieu*. — Simon Guillain, sculpteur. 2 p., in-fol.

218 **Swanenburg**. Ab. Bloemaert, in-4. Sup. ép.

219 **Tanjé**. Son portrait, in-fol. Avant toute lettre. Marge.

220 **Thomassin**. Jean Thierry, sculpteur, né à Lyon. Petit in-fol., d'ap. *de Largillierre*.

221 **Townley** (Ch.). Annibal Carrache. — Louis Carrache. — Dominiquin. — Rubens. — Léonard de Vinci, d'ap. eux-mêmes. 5 portraits en manière noire, in-fol.

222 **Troost**, peintre. Deux différents portraits, in-4.

223 **Trouvain**. René-Ant. Houasse, peintre, in-fol., d'ap. *Tortebat*. Très-belle ép., marge.

224 **Vélasquez** (D'ap.). Son portrait, gravé par *Ametller* et *Cecchini*. 2 p. petit in-fol.

225 **Velde** (J.-V. de) et autre. Jacobus Matham. 2 p. in-4.

226 **Vermeulen**. A.-H. Jaillot, géographe, 1695, in-fol.

227 — Pierre Mignard, peintre dessinant. Très-belle ép., in-fol., d'ap. lui-même.

228 **Waillant** (W.). Portraits différents, in-4. 3 p. manière noire.

R 2
R 5 Michel 13
R 2 Michel ;
R 5

Michel 6

Dem 4.

R 15

Michel 11

Michel 4

Michel 6 B. 10 Clapier 6

Maran 1

229 **Wierix** (J.). Jean Stradan, peintre, entouré de figures. Petit in-fol. en travers.

230 **Wolridje**, Wolthers, Worlidje. 3 p. in-4.

# CÉLÉBRITÉS DIVERSES

## CLASSÉS PAR NOMS DE PERSONNAGES

231 ***Albert*** (Charles, marquis d'). — Honoré, duc de Chaulnes. 2 p. in-8, par *Moncornet*. Marge.

232 ***Aubespine*** (Charles de l'). — Gabriel, évêque d'Orléans. 4 p. in-8 et in-4. *Moncornet* et *Daret*.

233 ***Aumont***. Antoine de Rochebaron, in-8 et in-4. 2 p.

234 ***Autriche***. Catherine. — Marie-Anne, reine d'Espagne. 4 p. in-8 et in-4.

235 ***Balzac***. In-8, par *Marshall*. — In-4, par *Lubin*. 2 p.

236 ***Barras***. In-4, en couleur. Avant toutes lettres.

237 ***Barberin*** (famille). Antoine, François, etc. 7 p.

238 ***Beaugrand***, maître d'écriture, par *Th. de-Leu* et autre. — Beaulieu. Rare. 3 p. in-8.

239 ***Bernard*** (Claude). — Bérulle. 3 p. in-8.

240 ***Boileau***, par *Delvaux*. Avant la lettre. — Par *Walker*. 2 p. in-8,

241 ***Bourbon*** Antoine, comte de Moret.—Charles, comte de Soissons, sur bois.—Henri, évêque de Metz. — Louis, comte de Soissons. 4 p.

242 **Buffon**. In-4, par *Houbraken*. Avant la lettre. — In-4, par *Baron*. — In-8. 2 ép. différentes avant la lettre. 3 p.

243 **Chevreuse**. Marie de Rohan, duchesse, par *Balechou*, *Moncornet*, in-8, et son mari, par *Daret*. 2 p. in-4, 4 p.

244 **Choiseul**. César et Roger. 4 p. différents.

245 **Clément** (Jacques), jacobin, assassin de Henri III, in-4. Très-rare.

246 **Cléry**, valet de chambre de Louis XVI, in-4. Avant les noms d'artistes, in-4. Avec retouches par l'artiste.

247 **Colbert** (Jean Baptiste), *Desrochers* et *Meyssens*. 2 p.

248 **Coligny** (Gaspar de Chatillon). — Angélique, sa femme. — Gaspard III, etc. 6 p.

249 **Condé** Henri de Bourbon II.—Ch. Marguerite, sa femme. — Louis. — Claire-Clémence de Maillé-Brezé. — Son fils, Henri. 7 p.

250 **Conti** Armand de Bourbon, 8 différents. — François. — Louis Armand. 10 p.

251 **Cotton**, jésuite, confesseur du roi. 2 différents. — Cotignon. 3 p.

252 **Crébillon**, par *Bradel*, *Walker*, *Watelet*, in-8 et in-4.

253 **Créquy** Charles, François, Madeleine, dc. 3 p.

254 **Cusance**, comtesse de Cantecroix, par *Daret* et *Moncornet*. 2 p. in-8 et in-4.

255 **Delambre-Descartes**. 2 p. grand in-8. Avant toute lettre. Marge in-fol.

Vein 10

Harris 3

Michel 4.

Milgram 8 Leclerc 3
monsoroat

Marais 2

Denoy 3

.. Rougé 10.

Nilsson 7

Marin 1 Michel 3

256 **Duguay-Trouin**. In-8. Avant toute lettre. Marge.

257 **Duquesne** (Abraham). In-8, par *Fiquet*, in-4. *Edelinck* et autre. 3 p.

258 **Duvair** (Guill.), évèque de Lisieux. In-8, par *Desrochers*, *Odieuvre*. — In-4, *Edelinck*. 3 p.

259 **Espernon**, Bernard de Nogaret. — Jean Louis de la Valette. 2 p. in-4.

260 **Espinay** (Charles d'), évèque de Dol. Ancien dessin au crayon noir, in-4.

261 **Estrées** (François-Annibal). 3 différents. — Louis César Le Tellier, duc d'Estrées. 4 p.

262 **Fénelon**, par *Desrochers*, *Picart*. 2 p. in-8. Très-belles.

263 **Ferino**, général. Charmant dessin à la mine de plomb, in-8.

264 **Grovestins** (Madame de). In-8 en manière noire. Avant et avec la lettre. 2 p.

265 **Guébriant**. Mme Renée du Bec Maréchale, in-8. *Moncornet*, rare. Superbe ép.

266 **Guémené** Anne de Rohan.—Louis de Rohan. 2 p. in-8, par *Moncornet*. Très-belles ép.

267 **Harcourt**. Marguerite du Cambout. 2 p. in-8. *Moncornet*. Différents.

268 **Henri IV**. — Marguerite de Valois. — Marie de Médicis. 5 p.

269 **Henriette**, duchesse d'Orléans, fille de Charles Ier, in-8. Avant et avec la lettre. Grande marge.

270 **Hocquincourt**. Charles de Monchy. 2 p.

271 ***La Boullaye-Le Gouz*** en habit levantin en pied. Gravure en bois très-rare.

272 ***La Chaise***, jésuite, confesseur du roi, en pied.

273 ***Lafayette*** (Mlle de), avec le titre de Marie de Gonzague. Très-belle ép. Avant les armoiries. Rare. In-8. *Moncornet.*

274 ***Lafontaine***. *Desrochers* et autre, in-4. 2 p. Très-belles.

275 ***La Meilleraye***. Marie de Cossé. — Charles de La Porte. 2 p. in-4.

276 ***Lamotte-Houdancourt*** (Philippe). 3 différents.

277 ***Lapérouse***. In-8 et in-4. 2 p.

278 ***Laquintinie***, *Desrochers*, *Edelinck*, *Elder*, 3 p.

279 ***La Trémoille*** Henri. — Henri Charles. — Joseph Emmanuel, cardinal. — Louis Maurice. — Marie 5 p.

280 ***Lavallette*** (Henri).—Louis.—Louis Charles. 3 p.

281 ***L'Hospital*** (François). — Michel. — Nicolas de. 3 p.

282 ***Longueville***, Anne de Bourbon. — Henri d'Orléans. 3 p. in-8. — Jean Louis Charles. 2 p. in-4. Octogone, 5 p.

283 ***Lorraine***, Charles de Mayenne.—Charles IV. — François. — Henri. — Henri de Mayenne. — D'Harcourt Louis, cardinal. — Louis de Joyeuse. — Marguerite. — Marie. — Philippe Emmanuel de Mercœur. — Royer. 16 p.

[illegible]

Michel 2
Dew 3

[illegible]

Dam 6

Michel 10

Michel 3

284 **Loube** (Mlle de), fille d'honneur de Madame en habit de chasse, en pied. Genre *Bonnart.*

285 **Maintenon**. In-4, *Larmessin.* — En pied, *Scotin.* 2 p.

286 **Mancini** (Hortense), duchesse de Mazarin, in-8.

287 **Mantoue**. Charles Ier et IIe. 5 portraits.

288 **Marot** (Clément), par *Debrie*, *Sornique*. 2 p.

289 **Mérode**, marquis de Treslon et sa femme, entourés d'Amours. Grand in-8. Très-belle ép. Rare.

290 **Noailles** (Louis Antoine), cardinal, *Pitau* et autre. 2 p. in-4.

291 **Ogé** jeune (Vincent), colon de Saint-Domingue, au physionotrace *Chrétien*. Rare.

292 **Orléans** (Gaston), 2.—Sa première femme.— Marguerite de Lorraine, 2. — Anne Marie, 4. — Françoise de Bourbon. — Françoise de Valois. Henriette d'Angleterre. — Louis. — Louis Philippe, duc de Chartres. — Louis Philippe Joseph. — Louise, abbesse de Chelles. 21 p. in-8 et in-4.

293 **Ossat**, cardinal, par *Desrochers*, *Ficquet*, *Gaultier*, *Pelais*. 4 p.

294 **Ozanne** (Christophe), in-4. Avant la lettre.

295 **Paoli**, par *Bradel*, *Winkler*. 2 p. in-4.

296 **Pascal** (Blaise), in-8. Avant toute lettre. Très-belle ép.

297 **Petion** (Alexandre), général, président d'Haïti. In-4 en couleur.

298 **Petit** (Rév. père François), in-4.

299 ***Philastre de Rozier***. Ovale in-4. Avant toute lettre.

300 ***Racine*** (Jean et Louis). 6 p. différents.

301 ***Rioland*** (Jean), médecin parisien, 1600. gravé sur bois. Au revers, texte latin. Rare.

302 ***Rodenburgh*** (Théodore), écuyer, in-8. Rare.

303 ***Rohan*** (Armand), Benjamin, Henri, Hercule. Sa femme, Marie de Bretagne, Louis, Marguerite, Tancrède. 10 p.

304 ***Rostain*** (marquis de), in-4. Avant toute lettre.

305 ***Santeuil***, *Desrochers* et autres, 3 différents in-8.

306 ***Savoie***. Oddo I, fils d'Humbert, dessin original de *Lange* et la gravure par *Tasnière*. 2 p. in-4.

307 — Charles Amédée, Christine de France, Emmanuel Philibert, Henri, Marguerite, Victor Amédée, Marie Jeanne, famille royale de Savoie, Charles Emmanuel III. 14 p.

308 ***Schlegel*** (Lawrence). Paysan souabe, en noir et colorié. 2 p. Rares.

309 ***Schomberg*** (Charles). — Henri. — Marie d'Hautefort. 5 p.

310 ***Scudery*** (Georges de), in-4 à l'eau-forte. Rare.

311 ***Siamois***. Audience du roi de Siam et ambassadeurs. 6 p.

312 ***Soissons?*** Dame de qualité en robe de cham bre. En pied.

Salem 3

Vienn 5

Dorival 25
avec l'autre 17/50

Cours 10

Michel 4

Vien 6

Marais 3 50

313 ***Staël*** (Mme de), profil à l'eau-forte; autre de face sans lettre. 2 p.

314 ***Sublet***, baron de Dangu, in-4. 2 p.

315 ***Thevet*** (André), en bois, in-4. Sup. ép.

316 ***Ursins*** et Rosemberg (Comtesse des). Profil. Coiffure poudrée. Rare.

317 ***Valois*** (Charles de), duc d'Angoulême. In-4.

318 ***Vendôme*** (César de) et sa femme Françoise de Lorraine. — François. — Louis. 5 p.

319 ***Villeroy***, Nicolas de Neufville. 2 p.

320 ***Voltaire***. Fac-simile de dessin. Sanguine Très-rare. In-4, d'ap. *Latour*. 2 p.

321 **Femmes célèbres**. Marguerite, sœur de Jacques Ier, avant et avec la lettre, et autres. 7 p.

322 Portraits divers par de bons graveurs. 72 p. 3 lots.

# ESTAMPES

## ANCIENNES & MODERNES

VIGNETTES, ILLUSTRATIONS

## *ÉCOLE DU XVIIIe SIÈCLE*

323 **Anciens Bois**. Armoiries, Blasons, Costumes divers, Médailles, Paysages, etc. 244 p.

324 **Anonyme**. Comme Messsieurs du Conseil privé viennent saluer la reyne dans sa chambre.

325 **Anonyme.** XVIIIe siècle. La Danse incroyable. — Les Coups de rabot. 2 p.

326 **Armoiries.** Blasons, Anglais, Français et autres. 144 p. contenant plus de 200 Ecus blasonnés.

327 **Bause** (Juliane). Sujets divers. 13. — Et par *Mansfeld*. La Fille de Tancrède dans sa douleur, et autres. 26 p.

328 **Berger** (D.). Werther. — Lotte. 2 charmants portraits surmontant deux scènes, d'ap. *Chodowiecki*. Superbes ép., toute marge. Très-rares.

329 **Bergeret** (D'ap.). Illustration pour les Fables de La Fontaine. 12 p. Sup. ép. avant la lettre, tirage in-4, grand papier.

330 **Berghem.** Bestiaux. Eaux-fortes originales et par Carel-Dujardin, et autres d'après Berghem. 13 p.

331 **Bervic.** L'Innocence, d'ap. *Merimée*. Superbe ép., toute marge.

332 **Bonnart.** Buffet, Salle de rafraîchissement faisant partie des appartements, sans marge. Rare.

333 **Boons** (D'ap. V.). Chasse au sanglier en forme de frise. Belle ép.

334 **Both.** Paysages; Cabel et Swanevelt. 6 p.

335 **Bovinet.** La Barrière de Clichy, d'ap. H. Vernet. Très-belle ép. chine avant la lettre, avec la tête du blesse a l'eau-forte dans la marge à gauche, petit in-fol.

Marais 2

L. 66. Ch. 25.
Lörin ... Charles Hervey

B. 20

[illegible] 15

Dem. 20 [illegible] 30

[illegible] 20

AB. 10

336 **Callot**. Sujets de la grande Passion en 1er état. Condamnation à mort (M. 14). — Couronnement d'épines (15). — Présentation au peuple (16). — Portement de croix (17). — Crucifiement (18). — 5 p. très-belles.

337 — Les Mystères de la Passion. 6 très-petits ovales sur la même bande (32-33), en 1er état, rare. 4 très-petits ronds (34-35) sur la même bande, 1er état, rare. 6 petits ovales de la vie de la Vierge. En tout 16 p.

338 — Différents Sujets, Frontispice (M. 90). — Adoration des Mages (92). — Assomption (96). 3 p. Très-belles ép. du 2e état.

339 **Carrache** (Aug.). Loth et ses Filles. Belle ép.

340 **Caricature**. Les Parieurs anglais, aquarelle originale et la gravure. 2 p. (Il se noyera, il ne se noyera pas.)

341 **Chamouin**. Vues de Paris gravées. 16 p.

342 **Chauveau**. Vignettes pour illustration. 36 p. in-8. Superbes ép.

343 **Costumes** tyroliens. 40 lithog. en noir.

344 — du grand-duché de Toscane. 47 lithog. noir.

345 **Demarteau**. Deux Nymphes de fontaines couchées. Gracieuse composition tirée du cabinet de M. Nera, fac-simile d'ap. *Boucher*, aux trois crayons.

346 **Devéria** (D'ap.). Illustration pour Rabelais. 7 p. avec le portrait.

347 **Duplessis-Bertaux.** Suite complète de 93 vignettes pour les Contes de La Fontaine, édition Cazin. Très-belles ép. en bistre, papier vélin collé, format in-8.

348 **Dusart** (Corneille). La Fête flamande.

349 **Dyck** (Van). Paul de Vos, terminé par *S. à Bolswert.* — Le Portrait de Rembrandt, par *Seuter*, collé. 2 p.

350 **Fielding** (Newton). Animaux, lithog. 8 p.

351 **Fokke.** Délivrance de Leyde, 1574, on distribue des vivres. — Intérieur d'église, d'ap. *Franck.* — Chasse au cerf, par *Duncker.* 3 p.

352 — Illustration pour les Fables de La Fontaine. 39 p. à l'eau-forte. Très-jolie exécution.

353 **Gelée**, 1824. Daphnis et Chloé, d'ap. *Hersent.* Superbe ép. d'artiste, in-fol. sur chine, le nom à la pointe.

354 **Gérard** (D'ap.). Illustration pour Psyché et l'Amour. 5. — Phrosine et Melidore, d'ap. *Prud'hon.* — Daphnis et Chloé. 7 p. in-4.

355 — Histoire de Psyché et l'Amour. 5 p. in-4, avant la lettre.

356 **Géricault.** Etudes de chevaux, d'ap. nature. 14 p. des petits Chevaux. — Le grand Cheval noir. — Le Coup d'étrier du postillon, par *Volmar.* 16 p.

357 **Girardet.** Suite complète de 9 vignettes, in-8 en travers pour Boileau.

358 **Grimaldi.** Paysages ronds à l'eau-forte. 2 p.

Ditelshofen 10

Michel 15 B. 6

Ditelshofen 10

359 **Hooghe** (R. de). 1674. Fêtes, Embarquement et Réception de Charles II, roi d'Angleterre, en neuf sujets. Belle pièce grand in-fol.

360 **Hopfer** (Daniel). Jésus-Christ dans sa gloire (B. 29). Pièce capitale. — Combat de Tritons (47). 2 ép. différentes. — Panneau d'ornements (130). 4 p. superbes avant les numéros.

361 **Hopfer** (Jérôme). Le Jugement de Pâris (B. 34). — La Constance (38). 2 p. superbes avant les numéros.

362 **Hopfer** (les). *Daniel — Jérôme — Lambert.* Vierge, Sujets religieux, Portraits, Costumes, Ornements, Eglises, etc. 48 p. Pourra être divisé.

363 **Huet**, d'ap. Albrier. Deux Scènes de Frédéric II, roi de Prusse, avec son page et officier. Ep. avant la lettre, in-fol.

364 **Humblot** (D'ap.). Hôtel de Soissons établi pour le commerce du papier en 1720. Pièce curieuse et rare.

365 **Isabey**. Essais lithographiques, 10 p. — Caricatures, 1818. 6 p. coloriées, rares.

366 **Janinet**. Joseph et la Femme de Putiphar, d'ap. Eisen. Jolie p. imp. en couleur.

367 **La Belle**. Sujets de Chasse à l'Autruche, Cerf et Sanglier, Eléments, Entrée des Polonais à Rome. 11 p.

368 **Le Clerc**. La Galerie des Gobelins et les cinq Batailles et hauts-faits d'Alexandre le Grand. 6 p. Belles ép.

369 **Lépicié**, 1742. Jeune Fille au volant, d'ap. Chardin. Belle ép.

370 **Le Prince**. Berger russe. Fac-simile en bistre.

371 **Leyde** (Lucas de). La Flagellation. — L'Avarice, d'*Aldegraver* (129). 2 p.

372 **Maile**. Les Joueurs de cartes. Manière noire.

373 **Marillier** (D'ap.). Suite complète pour Télémaque. 25 vignettes avant la lettre, dont le portrait de Fénelon. Très-belles ép., grand papier.

374 — Suite complète de 8 vignettes pour les Contes de La Fontaine. Cette suite contient plus de 60 contes. Ep., grand papier.

375 **Martinet**. 58 Vues de Paris très-petites sur 27 feuilles. Très-belles ép.

376 **Martini** (P.-A.). Exposition au Salon du Louvre en 1787. Chez Bornet. Pièce curieuse, in-fol.

377 **Moreau** le jeune (D'ap.). Suite complète pour Molière. 34 Vignettes. Premiere suite, grand papier.

378 — Suite complète de 34 vignettes pour Molière. Seconde suite.

379 — Suite complète de 9 vignettes, y compris le portrait de La Fontaine, pour les Amours de Psyché. Superbes ép. parfaitement remargées comme chine.

380 **Ostade**. Le Vielleur, la Poupée demandée, la Famille, la Fête sous le grand arbre, et autres. 6 p.

Vien 20

S.w 4

R 12 Michel 26

R 8

Vien 12

R

Mele. 10

Re C...

Dunkeley 10

381 **Oudry** (D'ap.). Réunion de 51 vignettes pour les Fables de La Fontaine.

382 — Les Fables de La Fontaine gravées par les meilleurs graveurs de l'époque. 228 p., petit in-fol. Très-belles ép.

383 **Pauquet**. Pyrame, — Thisbé. 2 sujets d'après *Ducis*. Sup. ép. avant la lettre, toute marge.

384 — Illustration pour la vie du Tasse. 4 p., d'ap. *Ducis*. Superbes ép. in-8, marges, grand in-4.

— Les mêmes, avant la lettre, sur chine.

385 **Picart** (B.), 1709. Concert dans un parc. Charmante composition de quatre groupes de figures en jolis costumes. Très-belle ép.

386 — Apollon et Clytie. Jolie petite pièce gracieuse, avant toute lettre.

387 **Porporati**. Il bagno di Leda, d'après *Corrège*, in-fol. Toute marge.

388 **Prudhomme**. Scène de la Saint-Barthélemy, d'ap. *P. Delaroche*. Sup. ép. sur chine, lettre blanche.

389 **Raffet**. Les Pestiférés de Jaffa. Rare. — Blindage enfoncé à Anvers — et l'Avis du maître de Charlet. 3 p.

390 **Raimondi** (Marc-Antoine). Le Parnasse, d'ap. *Raphaël*. Epreuve en 2 feuilles non jointes, rognée du bas.

391 — Le Massacre des Innocents. — Martyre de sainte Félicité et autres, d'ap. lui. 4 p. Triomphe de Mantegne. 5 p.

392 **Ecole de Marc-Antoine**. L'Arc de Vespasien. — Le Temple d'Agrippa, dit la Rotonde. — Statues antiques. — Hercule colosse. 4 p.

393 **Raphaël** (D'ap.). Histoire de l'Amour et Psyché. 30 p. lithog., petit in-fol. sur chine.

394 **Rembrandt**. La Mort de la Vierge. Belle ép.

395 — Annonce aux Bergers. — Jésus chassant les vendeurs. — L'Enfant prodigue. — Musiciens ambulants, et autres. 6 p.

396 **Ribera**. Le Christ descendu de la croix.

397 **Ridinger**. Chevaux de races diverses, Cerfs et autres animaux sauvages. 33 p. Très-belles.

398 **Riepenhausen**. 24 Petits Groupes de costumes, 1780, la plupart à deux motifs.

399 **Sallaert**, 1565. Le Christ descendu de la croix.

400 **Sallaert** (A.). Les Evangélistes. 4 p. gravées sur bois, imprimées sur papier roux. Cabinet Camberlyn.

401 **Silvestre** (Israël). Église et Cour du Temple.— Tour de Nesle et Hôtel de Nevers. — Village et pont de Charenton. — Pont et temple de Charenton. 4 p., superbes ép.

402 — Fontainebleau et autres Vues de France. 22 p.

403 **Uden** (Lucas Van). Le Gué (B. 57). Épreuve avant l'adresse, tachée d'huile.

404 **Vernet** (Horace). Ismaël et Mariam. — Le Trompette mort, et autres lithog. de Bourgeois. 6 p.

405 **Visscher** (J. de). Intérieur avec fumeurs, d'ap. *Ostade*. Très-belle ép.

ew 8.50

ew 6

ew 7.

B 10 May 8.

406 **Vocher**, 1786 (Marq.). Réunion de buveurs, imprimé en bleu.

407 **Volmar**. Diverses Études de chiens. 25 p. lithog.

408 **Vuibert** (Remy). Adam et Ève, d'ap. *Raphaël*.

409 **Ward**. Jupiter et Antiope, d'ap. *Séb. Ricci*. Superbe ép. sur chine, lettre blanche, marge.

410 **Wille**. Les Délices maternelles, d'ap. son fils. Très-belle ép. avec le titre seul avant la dédicace. Très-belle ép. du Cabinet Camberlyn.

411 Illustration pour l'Histoire romaine. 36 p. in-4 d'ap. Gravelot, Gabriel Saint-Aubin et autres. Format petit in-fol.

412 Illustration pour la Bible, petites Vignettes sur bois. 267 p. dont environ 90 pour le Nouveau-Testament. Collés dans un vol. carton.

413 Vignettes pour la Bible et l'Histoire des Juifs de Flavius Joseph. 252 p.

414 Vignettes pour l'Ancien et Nouveau Testament, petits sujets religieux, etc. 400 p.

415 Illustration pour les Chroniques de Froissart. 68 pl. lithog. coloriées, grand in-8, pouvant servir à toutes les éditions.

416 Figures des Fables de Lafontaine gravées sur bois par *Godard*. 75 vignettes sur chine. Paris, Crapelet, 1830. Carton.

417 Suite complète de neuf vignettes pour les Contes de Lafontaine, lithog. in-8, d'ap. *Hersent*.

418 Suite complète de 60 vignettes de *Susmil* pour les Fables de Lafontaine. Belles ép. papier de Chine, grand in-8.

419 Illustration pour Daphnis et Chloé, in-4, d'ap. *Prudhon* et *Gérard*. 9 p. Superbes ép. avant la lettre.

420 Les Français peints par eux-mêmes. 155 p. par Gavarni, Henri Monnier et autres, noir et couleur, quelques doubles.

421 Métamorphoses d'Ovide gravées par T. de Leu, L. Gaultier, Isaac, etc. 62 p.

422 La Naissance, la Chute et le Salut de l'homme. 7 p. à plusieurs sujets, genre Wierix.

423 Sujets religieux, Mois de l'année, etc. 89 p.

424 Volume contenant plus de 500 pièces collées : vignettes, sujets, costumes, assignats, portraits, etc., etc.

425 Diverses Écoles allemande, italienne, etc. 9 p.

426 École française, XVIIIe siècle, sujets gracieux, d'ap. Baudouin, Fragonard, Greuze et autres. 15 p.

427 Vues de Paris, France, Cartes du voyageur en France, etc. 102 p. Sera divisé.

428 Homographie, Choix de plantes indigènes. 8 livraisons de 4 pl. 32 p. en noir sur chine.

429 Sujets divers, d'ap. *Teniers* et autres. 32 p.

430 Sujets tirés de l'Artiste. 50 p.

431 Scènes des Conquestes de l'Amérique, du Pérou; Sauvages, Combats, Anthropophages, etc. 113 p. par *Th. de Bry* et autres.

432 Vues des Délices de la Grande-Bretagne, Suisse, Italie, Ispahan et divers pays. 587 p.

[illegible] 5 50

Michel 51
Si ancien
Bons pendant temps

Vass. 11. } 17
Vasse 6

Vieux 10 } 20
Vieux 10

## LIVRES A FIGURES, ILLUSTRATION

### Ornements de CUVILLIÉS, Costumes.

433 **Bonnefons**. Les Hôtels historiques de Paris. vol. grand in-8. Figures sur bois. Paris, Lecou 1852. Broché.

434 **Cabinet Poullain**. 120 p. et texte. Paris, Basan. Riche demi-reliure dos et coins maroq. bleu, nerf, tranche dorée.

435 **Cham**. Impressions lithographiques de voyage, par *Trottman*. 20 pl. et titre. vol. in-4 cartonné en toile.

— M. Jabot; histoire amusante. Album oblong, toile.

436 **Cruikshank**, 1833. My Sketch book. 2, 3, 4, 5, VIII. Croquis de caricatures à l'eau-forte. 5 cahiers.

437 — My Sketch book, 4, 5, 6. Coloriés. 3 cahiers.

438 **Cuvilliés**. Morceaux de caprices à divers usages. Grands cartouches formant fontaines, panneaux d'arabesques à deux motifs, dessus de porte, pieds de tables, consoles très-riches, commodes, serrurerie, pastorales, girandoles, cheminées, glaces, portes-cochères, lambris, canapé, meuble, plafonds, tabatières, boîtes de montres, pommes de canne, lit, bordures, cadres. 112 p. Superbes ép. toute marge, très-beau vol., riche d.-rel. maroq. rouge, nerf.

439 **Florian-Album.** Recueil de 80 vignettes pour ses Œuvres, d'ap. *Desenne*. Gravées par Roger, Leroux et autres. Sup. ép. sur chine. Paris, Renouard, 1841, in-8 oblong, d.-rel. maroq. rouge, nerf.

440 **Gavarni** (D'ap.). Les Musiques et types modernes. 30 sujets gravés sur acier. Très-grand in-8, d.-rel. v. brun.

441 **Pauquet.** Modes et Costumes historiques. 96 planches et titre colorié, beau vol., d.-rel. maroq. rouge, nerf.

442 **Pool** (M.). Kunst-Kabinet, statues et bas-relief en ivoire et autre, de F. van Bossuit, sculpteur, d'ap. les dessins de Baren Graat. Beau vol. in-4. Amsterdam, 1727, veau marbré.

443 **Raimbach**, d'ap. Smirke; illustration pour Rasselas de Johnson. 5 vignettes in-4, avec texte. vol. carton.

444 **Recueils** de 14 vues de Tivoli par Pinelli. — Costumes du Tyrol, 14 coloriées — Costumes suisses, 13 coloriés. — 6 Vues du Jardin de Schwetzingen. — Vues d'Heidelberg, 9 p. à l'eau-forte par Rottman, sur chine. 5 cahiers, 56 feuilles.

445 **Rouargue** frères. Album des bords de la Loire. 50 vues gravées sur acier, ép. sur chine. Paris, 1856, oblong, toile, fers dorés à plat.

446 Kupffer Tabellen sehens und Merckvurdiger Sachen in Nuremberg, Reliques, Trésor, Vues et Costumes. Beau vol. petit in-fol. dos et coins rouge, tranche dorée.

Marais 5

B 35

B. 40 70 32

Michel 26

Michel 19

JB. 25

447 Album pour les chansons de Béranger. 100 vignettes, belles ép., 1er tirage, grand in-8. d'après Bellanger, Charlet, Grenier, Johannot, Raffet, etc. Demi-rel. maroq. chagrin Lavallière foncé.

448 Illustration pour Lafontaine, supplément de figures par divers artistes. 41 vignettes pour les Contes, d.-rel. mar. vert.

449 Album de 95 vignettes, d'ap. *Duplessis-Bertaux*, pour les Contes de Lafontaine, grand in-18, avant la lettre, d.-rel. maroq. chagrin vert, non rogné.

450 Album de 75 vignettes, d'ap. *Desenne* et autres pour les Contes de Lafontaine. Ép. avant la lettre, grand in-18, d.-rel. maroq. vert russe, non rogné.

451 Album de 95 vignettes d'ap. Duplessis-Bertaux, pour les Contes de Lafontaine, grand in-18 avant la lettre, papier blanc non rogné, d.-rel. maroq. vert.

452 Fleurons d'ap. Choffard et Lebarbier, pour les Contes de Lafontaine et les œuvres de Gessner. 99 p. imprimées sur grand papier vergé, d.-rel. chagrin rouge.

453 Illustration pour Lafontaine, Fables et Contes. 147 p. format in-8, vol. d.-rel. veau violet.

454 Supplément à toutes les éditions de Lafontaine, contenant 16 Contes qui font partie des différentes éditions anciennes, qui ne se trouvent pas dans l'édition de Lefèvre. Vol. très-grand in-8, pap. jésus velin, avec 95 vignettes d'ap. Duplessis-Bertaux. Magnifiques ép. avant la lettre, sur chine, beau vol., d.-rel. maroq. chagrin rouge.

455 Album pour les œuvres de Racine, d'ap. Prud'hon, Moitte, Girodet, Gérard, Taunay, Chaudet, Peyron, Serangeli, etc. 58 planches magnifiques ép. in-fol., très-beau vol., belle d.-rel. maroq. rouge.

456 Album des Œuvres de Virgile. 23 planches in-fol. d'ap. Gérard, Girodet, etc. Superbes ép., beau vol., d.-rel. v. fauve.

457 Album de Vues de la Suisse, composé de 62 pl. gravées et coloriées par les artistes les plus célèbres de la Suisse. Très-petit in-4, vol. maroq. v. nerf. Jolie d.-rel. dorée en tête.

458 Album pour l'Heptameron de la reine de Navarre. 74 vignettes d'ap. Freudenberg, grand in-8, non rognées pour l'édition de Berne, 1780, d.-rel. m. vert russe.

459 Album de 40 vignettes : sujets et portraits pour l'Histoire de France, grand in-8, d.-rel. v. rouge.

460 Illustrations pour Shakespeare, d'ap. Westall, Smyrke, Boydell et autres artistes anglais. 60 vignettes grand in-8, non rognées, d.-rel. v. chagrin brun.

461 Walter-Scott et les Écossais, orné de 24 vignettes, d'ap. Cattermole, in-8. Paris, Desenne, 1835, demi-rel., v. rouge.

462 Les Français peints par eux-mêmes, encyclopédie morale du XIX^e^ siècle. Paris, 1858; très-grand nombre de figures en bois dans le texte, broché.

463 Les Rues de Paris, ancien et nouveau, orné d'un grand nombre de figures en bois dans le texte; vol. grand in-8, riche reliure toile, fers dorés à plat.

# LIVRES SUR LES ARTS

## CATALOGUES DE VENTES IMPORTANTES AVEC PRIX

464 **Becker** (C.). De la gravure sur bois, Jobst Amman, etc. Leipzig, Rud. Weigel, 1854; beau vol. orné de figures dans le texte, petit in-4, demi-rel. maroq. bleu.

465 Essai sur la gravure sur bois, par Ambroise Firmin Didot, in-8, 1863; broché.

466 **Jacoby**. Catalogue de l'Œuvre de *G.-F. Schmidt*. Berlin, 1815, orné de son portrait. demi-rel.

467 **Le Blanc**. Le graveur en taille douce, catalogue de l'Œuvre de *J.-G. Wille* et de *R. Strange*. interfolié de papier, beau vol. maroq. bleu; cadeau signé de l'auteur à M. Robert-Dumesnil.

468 Catalogue des tableaux de la galerie impériale et royale de Vienne, par *Chrétien de Mechel*. Basle, 1784; demi-rel. v. vert.

469 Collection d'Estampes de Rubens et Van Dyck, recueillies par Messire del-Marmol, orné du portrait de Rubens, 1794. Broché.

470 Galerie du chevalier Erard, tableaux, anciennes écoles, 1832. demi-rel. maroq. rouge, nerfs, avec prix.

471 Manuale del Raccoglitore et del negoziante di stampe, antiche et moderne, par *F. Santo Vallardi*, interfolié de papier blanc, in-8. Milan, 1843; demi-rel., maroq. Lavallière, nerfs.

472 Catalogue de la galerie Aguado, 1843; cartonné, avec prix.

473 Catalogue raisonné de la rare et précieuse collection d'Estampes réunies par *M. Debois*, rédigée par Defer. Paris, 1843; interfolié de papier blanc, demi-rel. maroq. rouge, nerfs, avec prix.

474 Galerie du maréchal Soult, 1852; avec prix.

475 Catalogue du baron de Vèze, rédigé par Vignères, Estampes, 1855; interfolié avec prix, demi-rel. maroq. violet; demi-rel., nerfs.

476 Collection de M. Leroux de Lincy. Livres et Estampes, Portraits, concernant l'Histoire de France et de Paris, fort vol. in-8, interfolié, 1855; maroq. Lavallière, avec prix.

477 Collection d'Estampes anciennes de M. H. de Lasalle, 1856; interfolié de papier blanc, d.-rel. maroq. vert, nerfs, avec prix.

478 Cabinet Barroilhet, Tableaux, école française, relié en toile anglaise, tranche dorée.

Cabinet de M. L***, de Marseille, Estampes, 1862.

479 Galerie de M. le duc de Morny, Tableaux, objets d'art, 1865, broché avec prix.

480 **Catalogues** des cabinets du baron de Vèze, 1855. — H. de Lasalle, 1856. — École française, XVIIIe siècle, 1856. — Busche, 1857. Brochés avec pr

481 — Soltykoff. — Soret. — Collot. — Barré. — Louirette. — Desjobert et autres. 18 brochures.

482 Musée des Monuments français. 38 pl. — Catalogue de l'œuvre de Léonard de Vinci, par *Rigollot*. — Les trois Musées de Londres, par *M. de Triqueti*. 3 brochures.

483 Petit Journal pour rire, 52. — Punch et autres, 12. 64 numéros.

484 **Cartes** de France, d'Europe, d'Algérie, des Divisions militaires, etc. 32 p. gr. in-fol.

# TABLEAUX & DESSINS

## REMBRANDT (École de).

485 — Oriental debout; un Chien est à ses pieds.

486 — Intérieur avec Philosophe en méditation; bel effet de lumière.

Ces deux Tableaux sont sur panneaux de chêne.

487 **Anonyme**. Ornements, genre rocaille, pour panneaux, encadrements, décorations intérieures. 6 Dessins et Aquarelles, à plusieurs motifs au verso et recto.

488 — Cartouches avec figures, Plafond riche, Arabesques, Mascarons, etc. 8 Dessins plume, bistre et aquarelle.

489 AMMANNATI (Ferdinando). Fecit Napoli, 1747. Costumes des environs de Naples. 8 gouaches in-4. Très-belles, très-terminées.

490 **AUBRY.** Deux jeunes Enfants jouant avec des tourterelles. Charmante esquisse au bistre.

491 **BONNART.** Costumes de grand Amiral et autre. Monsieur, frère du roi. 2 dessins à l'encre rehaussés de blanc sur papier bleu.

492 **BOSMAN (H.).** Annonciation. A l'encre de Chine.

493 **BOUCHER.** Gracieuse Figure de femme debout, nue et vue de dos. Beau dessïn, crayon noir et blanc.

494 — Six têtes d'études réunies : Hommes, Femmes et Enfants. Crayon noir rehaussé de blanc, tiré du cabinet de Natoire.

495 **CALAME.** Deux Chevaux de trait dans un chemin coupé d'un monticule. Belle aquarelle de la vente Calame.

496 **DELARUE.** Triomphe de Silène. Pierre d'Italie.

497 **DESRAIS.** Le Combat à la cantine entre un Homme armé d'un couteau et une Femme. Vigoureuse aquarelle.

498 **GREUZE.** Petits Garçons debout. 2 études à l'encre de Chine, de même grandeur.

499 **LEYDE (Lucas de).** Le Juif errant maudit. A la plume, colorié.

500 **MODE (Hugo de la)**, peintre verrier, 1614. Femme allaitant son enfant, dans son intérieur. Joli dessin à la plume rehaussé de blanc sur papier de couleur. Cabinet Andréossy.

501 **MOREAU (L.).** Petite Chaumière sur pilotis au bord d'une rivière accidentée, avec bateau et pêcheurs. Belle gouache.

Hong 10. B. 10

B 15

2 5

~~R 5~~ Clapin 20

R 5

[illegible]

Kennink

502 PARROCEL (J.-F.). Mercure et Argus. Croquis au bistre.

503 PICARD (B.). Le Déluge universel, l'Olympe au ciel, Neptune au milieu des eaux. Beau dessin au bistre rehaussé de blanc.

504 REMBRANDT, 1642. L'Ange et Tobie. Au bistre, signé; décrit dans le Catalogue de James Hazard, nº 503.

505 SERRUR. Études de Femmes assise et couchée. Crayon rehaussé de blanc. Académie d'hommes. Mine de plomb. 9 p. in-4.

506 SMIRKE, élève de Reynolds. Diane au bain (gracieuse composition), servie par une négresse accompagnée de deux Nymphes, abritées par des rideaux de velours. Belle aquarelle.

507 TROOST. Assemblée de fumeurs, dont un lit les nouvelles. Neuf figures à la plume lavée de pierre bleue.

508 VOS (MARTIN DE), 1588. Le Christ insulté dans le prétoire. Au bistre.

509 **École italienne**. Dominiquin, Sirani, Tintoret, Salvator, etc. 6 dessins.

510 **Écoles diverses**. Sanguine, plume, aquarelle, etc. 9 p.

RENOU et MAULDE, Imprimeurs de la Compagnie des Commissaires-Priseurs, rue de Rivoli, 144. 2640 [illegible] [illegible] 7 [illegible]

[illegible] [illegible] 1 [illegible]

[illegible] 18

[illegible]

3 0 1[illegible]

30 1[illegible]

[illegible] 12

www.ingramcontent.com/pod-product-compliance
Ingram Content Group UK Ltd.
Pitfield, Milton Keynes, MK11 3LW, UK
UKHW031929260826
14628UKWH00004B/1508

9 782329 543093